Wer seiner Liebe nicht folgt, geht verloren.

Oliver Mano

Jeder kann was, was nicht jeder kann[2]

[2] Sprengsätze fürs Honigvolk

Bibliografische Information der Deutschen Nationalbibliothek:

Die Deutsche Nationalbibliothek verzeichnet diese Publikation in der Deutschen National-bibliografie: detaillierte bibliografische Daten sind im Internet über http://dnb.d-nb.de ab-rufbar.

© 2010 Oliver Mano, Karlsruhe
oliver.mano@stärkere-texte.de
Lektorat: www.stärkere-texte.de
Herstellung und Verlag: Books on Demand
GmbH, Norderstedt 2010
ISBN: 978-3-8391-63344

Am Südpol des Menschen

Glück erwarten kann, wer fähig ist, sich vollständig zu erholen.

Wer jedem alles gönnen könnte – wäre gerettet.

Jeder kann was, was nicht jede kann.

Dass du darfst, musst du lernen.

Gier sprengt Tore; Neugier öffnet Türen.

Ein Geheimnis bewahren zu wollen, ist unmenschlich.

Weshalb erfüllt Hingabe? _____

»Folge deiner Vorliebe, dann deiner Liebe!«
»Nein, folgen musst du dir selbst.« [Zu S. 67]

Wer zu sich kommt, ändert sich.

Dein Dasein war schon dein Sieg.

Der Weg zum Selbst besiegt das Selbst.

Entscheidend an deinem Haus sind die Türen.

Das Loch ist der Schlüssel zur Tür.

Türen öffnen sich meist von innen und nach
innen.

Alles an dir hat Größe. Körpergröße.

»Ungeheure Kraft hat das Weltall gebündelt,
dich zu schaffen. Du sternstolzer Wurf, dein
Hiersein ist Leistung. Ein unheimlicher Einfall

im All: du. Dein Körper: Ergebnis der Welt,
Menschheitsschöpfung und Milchstraßenge-
burt. Weltmacht du.« Rozàry Unru, aus
Wurzlhofn.

Eine Haltung brauchst du, die dir gewachsen ist.

Küsten- und Gebirgsbewohner sind nach-
tragender als Flachländer.

Die Dörfer der Ebene haben breitere Straßen.

Dein Umfeld ist Vorurteil, dein Erbgut Urteil.
Geburt durchs Schlüsselloch.

Alle Gewohnheiten haben ihren Preis, einige
ihren Wert.

Hausaufgabe: sich die Welt aufräumen? Auf-
wärmen.

»Wie sieht deine Menschenweltordnung aus?«

»Will ich einen Einzelnen in der Menschheit begreifen, unterscheide ich: 1. was drängt von außen heran an diesen Einzelnen? 2. Was kann dieser Einzelne selbst erzeugen: was gibt er von sich nach außen?

Das Erste, das Hereinkommende, fühlt man über Sinne: es gefällt einem oder es schmerzt. Das Zweite – was Menschen herstellen –, zielt in eins dieser Fächer: auf Körper, eigene Werke, aufs Wirtschaften, aufs Wissen, Rechtswesen, auf Gerätschaften, den Zeitgeist oder auf Vermittlung.«

»Und die zwei Grundmaße des 1. ›von Außen‹ und 2. ›vom Selbst‹ beeinflussen sich wechselseitig …«

»Kann mich auch täuschen.«

Denk daran: du sprichst mit Sterbenden.

›Sterblich‹ – lässt sich nicht steigern. So wenig wie ›unrettbar‹. Und beides sind wir …

Selbst. Das Eigene – lässt sich nicht steigern.

Um über Menschliches hinauszugelangen,
müsste man sich übermenschlich strecken.

Mehr als ein Mensch wirst du nicht mehr.

»Der Berufseinstieg beginnt mit der Keimbahn; ab
da arbeitet ein Menschenkörper bruchlos sein
gesamtes Leben lang. Man sollte nur behelfs-
weise sein Leben spalten in Kindheit, Jugend,
Erwachsensein und Alter: jedes Leben eine Ein-
heit. Jede Arbeit dient dem Gesamtwerk des
Werkenden: jede Entscheidung baut mit an
einem Lebenswerk.« Klaun Hendikab II., Igels-
hausn. »Woran einer werkt, erschließt ihm Ent-
sprechendes in der Welt. Ich zum Beispiel woll-
te täglich lachen – und was habe ich davon?
Einen Lachverein und keinen Hängekiefer.«

Was macht einen Mann aus? Wichtiger als diese Frage ist die Antwort hierauf: was macht der Mann?

Perlen reichen heute.

Verdächtig: der Himmel färbt nie ab. Die Hölle immer.

Mistgebirge umthronen jedes Goldkorn.

Wunder entsteigen Wunden.

›Niemals‹ befreit; ›trotzdem‹ erlöst.

Das Glück braucht einen Ort, wo es sich bündeln kann.

Jeder Mensch braucht Erfolge. Erbfolge.

Jedes Haus singt sein Lied.

In Häusern des Glücks isst man nicht mit
Messern und Gabeln, sondern mit Menschen.

Mit dem Glück habe ich eine einfache Ab-
machung: tagsüber macht es, was es will;
nachts mache ich, was es will.

Glück entspringt dem Zahn.

Was man übers Glück erfährt, kann schmer-
zen. Zusatzzahl 26.

Glück zeigt sich nachts.

Wer klagt, wird bald verreisen.

Das Glück scheut Schachtelsätze und Übersee-

koffer. Und keine Hurenkinder.

Atem raubt die Lässigkeit dessen, der sich um sich selbst kümmerte.

Verkäufern missfällt er; der Glückliche ist ein schlechter Käufer.

Zum Handwerk des Glücksschmieds gehört das Hammerweglegen.

Jemand wird es wegräumen. [Weisheit der Söhne.]

Warum gibt's keinen Herzkrebs? Weil das Herz sich bewegt und bewegt.

Der Glückliche: ein Wiederholungstäter.

Die Not ist wendig, das Wendige nötig

Das Schlimmste, das man jemandem rauben kann, ist sein Schwung.

Die Wahrheit über deine Kraft: da ist eine Menge Gewalt möglich. Und Gewaltiges bleibt brauchbar. Welcher Zusatz fehlt hier? ‥‥‥‥

Verhältnisse ergeben sich aus dem Verhalten. Der Leute vor dir …

Wem gehört dein Leben? [Antwort 7 Seiten vorher …]

Loslassen scheint schwerste Tat.

Das Zielesetzen macht älter; doch auch ziellos stirbt man.

Beim Weg das Wichtigste? Dass dein Rad rollt. Rollt dein Rad nicht, steckst du am falschen Ort.

Wird's immer schlimmer? Dann ändere etwas. [Dich am Schluss.]

Die Hölle ist: montagmorgens nichts zu tun zu haben. Wo man Montage kennt …

Du musst dich zum Glänzen bringen; ein spassloses Leben beleidigt – alle Umstehenden.

Wer lange nur Stiefel sah, sehnt sich nach Köpfen.

Falls die Zukunft jemandem gehört: dann den

Weltraumbegeisterten. Den Wert eines Licht-
jahrgangs kann man künftig messen daran,
wie weit weg von der Erde er gelangt.

Hirn das nördliche Öl.

Deine Hingabe erhält dich. Tu, was du liebst!

Erst die Arbeit, die dann Vergnügen macht.

Warum stirbt, wer sich nicht berührt?

Die kampffreie Zeit wird kämpfend erstritten.

Du hasst Grenzen; du hast Grenzen.

Wer ahnt, will reden. Wer weiß, will beweisen.

Mit Leidenschaft fürs Ganze und Scharf-Sinn für Einzellheiten – ab 16 machst du selbst dich zum Könner. Lehren macht den Meister.

Zu passen ist bleibende Tat.

Sich-Anpassendes lebt – das Angepasste stirbt.

Wer sich völlig anpasst, löst sich auf.

Zu viele schlechte Nachrichten machen dick.

Wer andern aus dem Wege geht, bewegt viel.

Von den Menschen könnten die Lebewesen noch einiges lernen.

Sprich mit dir, und – hör dir zu dabei!

Welche Einsichten verhindert mein Körperbau?

Wer fliegen kann, braucht weniger zu denken.

»Dein Vater war klug.«
»Er hat mir alles mitgeteilt.«
»Trotzdem bist du arm!?«
»Er hat's mir nie begründet.«

Sich entschuldigen ist billig. Notwendig das
Bessermachen.

Ein Sohn hat viel zu lernen. Viel von Töchtern.

Auf dem Bau fällt schwer jeder Schritt, ausser
man springt verliebt.

Als mehr und mehr gute Nachrichten heran-
strömten, begann er, eine Burg zu bauen.

Zielbiss besteht Wirrbellstürme. ⤜

Um stärker zu werden als andere, hilft's zu wissen, wie sie stark wurden. Frag sie!

Wer aufschließen will, muss sich anschließen. Wer sich selbst öffnet, erschließt eine Welt.

Wannen putzt am besten, wer drin sitzt.

Dies Eine reicht zu wissen: dir zu helfen.

Vertieft in seine Sache stieg er auf.

Wer auf einem Ziel beharrt, muss die Wege wechseln.

Neues zu wagen, wirkt gefährlich; gefährlicher nur, Neues nicht zu wagen.

Das beste Ergebnis passt zwischen etwas.

Dein Bestes ist, was andre dir öffnet.

Verstand hat man, um verstanden zu werden.

Rede leiser, damit du mitkriegst, wie der andere zuhört!

Leise! Hörst du? Das Geld spricht für sich.

Ein Satz kann ein Leben ändern. Einsatz. Um-

Wissen bringt Sicht, und Schmerz. Unwissen Nebel und Watte. Du hasst die Wahl.

Nichts zu tun, schützt vor nichts. Einer Arbeit ausweichen kannst du – nirgends ausweichen kannst du dem Arbeiten.

Achtung braucht man nicht verwechseln mit Gefolgschaft.

»Dein Leben ändern« – Geschwätz. Ein Leben braucht man nicht zu ändern – wenn's dein Leben ist … Dein Weltbild frisch zu pinseln: das ist die Erfüllungsaufgabe.

Waffen tun Not.

Deine Selbstverteidigung nützt der Menschheit.

Wer weiter will, muss ausweichen.

Gesundbleiben durch Bauchtanz oder Laufen? Berufserfolge als Werkhallenbauer oder Fladenbrotbäcker? Erlebnisfülle durch Wildbach- oder Gondelfahren? Liebhaberlust, Gefährtenglück? Sängerruhm, Kinderspaß, Hausbesitz? Kreuzfahrterlebnisse? Erfinderwohlstand, Kettensägenhersteller-Selbstständigkeit …?

Ein Ziel isst viele Wege. **Jedem Mensch gilt nur ein Ziel: sein Überleben.**

Aus dem Erfolg ausbrechen lohnt, wo der Erfolg uns bricht.

Mehr Wehrnehmung! Kriechdienstverweigerung.

Stark wehrt man sich mit Wertsteigerungen.

70 Feinde findet, wer nur's Beste will.

Kraftvolles wird Beute.

Das Stück ändert sich, indem du dich befasst mit ihm.

❋❋❋❋❋❋❋❋❋❋❋❋❋❋

Versieben darfst du alles — zur richtigen
Zeit, ins richtige Beutelchen hinein.

Manch' roter Faden wird zur Stolperfalle.

Zimtsterne lenken ab.

»Er wollte seinen Widersacher zertreten.
Weisst du, was das hat?«
»Ja, mit echtem Bergsteigen nichts zu tun.«

HERRSCHAFT ENTFACHT UNBEHERRSCHTE.

Bei allem, was misslang: es lag an ihrem fal-
schen Vorleben. Am Vorgelebtwerden. »Die
Dummheit der Alten hat mir nicht viel ver-
saut. Nur ein Leben.« Slabba Kaan, Qaxa.

Wer sie nicht abstreitet, kriegt sie, die Schuld.

Wer folgt, folgt Fehlerhaftem.

Hinter jedem großen Erdmännchen haust eine größere Rechneranlage.

Draussenmenschen finden Meer.

In Stunden kann gelingen, was ein Leben lang misslang.

… ein Jahr, eine Arbeit …

Unbeirrt walzt meistens unverirrt …

Der kürzere Weg ist nicht der schnellere – der schnellere Weg beschleunigt mehr.

»Worauf arbeitest du hin?«
»Dass alles ~~vom Selbst~~ von selbst kommt.«

Mach dir's Dasein leicht; das wird schwer genug. Auch mach's dir lieber leicht als einfach!

Wer alles macht, macht einen Fehler.

Nichts ohne Auftrag. Keine Hürde für Könner.

Es gilt mehr zu verhindern als zu tun.

Werd' Meister im Nichteinlassen!

Was du morgen kannst verpassen, darfst du
heut' schon unterlassen. Was du heute kannst
verprassen,

Nur Massenhaftes ändert Massen.

Vorhersagen für die Massengesellschaft treffen
immerzu – irgendwen.

Für die meisten wird's dort, wo die meisten
auftauchen – unerträglich …

In einer anderen Gesellschaft wärst du anders
erloschen. [Auf dem Grabstein meiner Asche
mag funkeln: »Bis bald, Amigos …«]

Das Verhalten ist verhältnismäßig.

Werde gierig: neugierig, weltgierig, wertgierig!

Kostenfreie Käsestangen, Rotwein und hübsche Gesellschaft gibt's auf Ausstellungseröffnungen. Vor allem fachen sie die Lust an aufs Bessermachen.

Wer geben will, dem wachsen Hände.

Der Götze, dem zu opfern lohnt, ist der Genuss.

Dem Versäumnis kommt jede Zeit recht.

Die Zeit, die mir fehlt, kann keiner mir stehlen.

Im Nichtentrinnenkönnen wird's Dasein fleischig.

Ein Jahr ist ein Raubtier. Jedes Jahr ein andres.

Das Gesetz der Zeit: Gesetze wachsen auf Zeit.

Das Kammähleon hat Recht: zeitgeistern
musst du.

Der Zeitgeist ist kein Gespenst. Eine Rute ist's.

Erziehen heisst: Menschen Dinge anbieten, an
denen sie wachsen können. Von sich aus.

Das Unumgängliche annehmen; das Um-
gängliche lieben.

Was du erst lange stützt und plötzlich loslässt,
wird in deine Richtung fallen.

Sterbliche Möglichkeiten, mögliches Sterben.
Wer auf Verdrehungen besteht, lebt erdge-
recht.

Alle paar Tage hat mein Hirn eine Wäsche
nötig.

Nichts muss man – nichts bedingungslos.

Wohl zwei Dinge bloß muss man im Leben: man muss sterben, und man muss zu sich halten. Sich früh um sich selbst kümmern; sonst schuldest du dir bald ein Leben.

Wen kannst du nie hintergehen? Deinen Schatten.

Mach, was dich stärkt! Einziger Rat mit Wert.

Für manches Zeug ist's nie zu spät: fürs unwichtige.

Auf alles eine Antwort haben brauchst du nicht. Aber auf vieles eine Frage zu haben, wäre nicht ungeschickt.

Viele kennen nicht ihr Betriebsgeheimnis.

Wer nicht mehr mit sich reden lässt, hat bald nix mehr zu sagen

Stolz juckt stärker als Liebe, und fast so stark
wie Geld.

Was du zu sagen hast? Was du zu sagen hasst.

Sagen, was Sinn macht; machen, was Sinne
anspricht.

Wer nicht mehr mit sich reden lässt, hat bald
noch mehr zu klagen.

Nichts Sinnvolles reimt sich auf ›selbst‹.

Wer ausser sich ist, vermisst niemanden.

Ich mag nicht, wenn einer nichts mag.

Der Lernwillige heißt Besserwisser will-
kommen.

Hast du genug Leute gefragt, sucht man die
Antworten bei dir.

Stark wird, wer sich helfen lässt.

Mit verstopften Ohren erzählt man die Ge-
schichte schlechter.

Um jemanden zu durchschauen: hör ihm zu!

Wer nicht zuhört, wird nicht dazugehören

Beharrt einer auf etwas, wirkt er lächerlich.

Wer nichts macht, trimmt sich Wege stumpf.

Der Selbstverbohrte verhindert alles im
eigenen Auftrag.

Meinungen verschleißen wie Landschaften:
durch den Zeitgeistwind ringsum, den Über-
drussregen von oben, die Darmwürmer im
Bauch der Meinung. Und durch Geldmangel.

Jeder braucht Entwicklungshilfe. Mancher

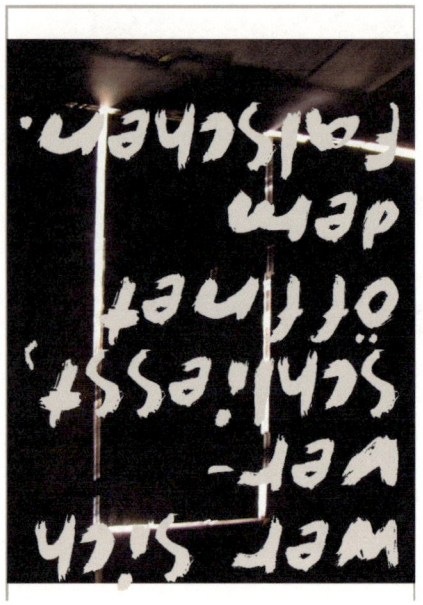

Wer sich verschließt, öffnet den Falschen.

Gleich, wo man sich aufhält: man muss sich nicht selbst aufhalten …

Weshalb einer eine Ausnahme fordert, vermittelt sich ausnahmslos schwer. Wo einer etwas schenkt – da braucht er nichts zu erklären …

Am liebsten bejaht wird diese Frage: »Willst
du Neues wissen über dich?«

Viel zu sagen von einem zum anderen gibt's
gar nicht und 's dauert bloß ein halbes Leben.
Spitzwegerich.

Letztlich verkünden alle das Gleiche: dass sie
an sich glauben.

Zu funken gibt's wenig außer: »Ich will –
weiterfunken.«

»Wie geht's?« Aushorchsatz. ⚘ Aufhorchsatz:
»Was können wir Schönes machen zu-
sammen?«

Nur Wer alles weiß, braucht nicht zuzuhören.

Zwischen Trommelfellen entstehen Reiche.

»Klare Luft, milde Winter, sauberes Wasser.«
»Zeit, Freiheit, Sonntage.« Man sehnt sich
mit den Ohren. Die Nase entscheidet.

Viele Stimmen, viele stimmen nicht.

Hinter jedem Begriff lauert etwas, das man
spüren kann. Hinter jeder Silbe ein Satz.

Jeder Begriff entstammt einem Übergriff.

Gerede hindert am Sehen.

Sich öffnen meint nicht: stets für alles offen zu
sein.

Was nicht dasteht, kann nicht durchfallen.
Drum sieht man am Ersehnten keinen Fehler.
[Bei diesem Gedankengang ließ ich alles
Gängige weg.]

Selbst eine reife Sprache wie die deutsche kann
zwei verlorene Kriege nicht überleben.

Eine Geschichte, die man verstehen will, ist
gut erzählt.

Eine aufregende Geschichte: ich konnte eine
Menge hineinlesen. Crusoe; Odyss; Finn; Lost …

Man kann mit einem Nebelsatz keine Welt
streifen; in einem Nebensatz eine Welt ab-
streifen.

Wortschätze sind da zum Bergen.

Ein Liebesbrief muss, damit er einschlägt, ein
Leibesbrief sein.

Der starke Satz erzeugt den Leser.

Zeilen braucht man zum Lesen zwischen ihnen. Sätze bieten Sprünge an.

Alle Sätze sind Ansätze. Was ich sage, ist mein Verdacht.

Ich habe nicht gewusst, was ich alles ahnte.

Das Sprechen ist die Quelle möglicher Verständnisse.

Wer sein Werk selbst vollendet, ist kein Dichter.

Gut erinnern kann man, was man selbst ergänz

Es ist nie der selbe Kopf, den wir schütteln.

Wie spricht man reiche Köpfe an? Mit wertvollen Sätzen.

Die herausragenden Sätze sind die hinein-
ragenden.

Wer die Sprachmacht hat, darf schweigen.

Sprechen lernt leicht, wer wünschen muss.

Wer rechnen kann, wird leichter rächen.

Wer Sinne schärft, kann Sprachen ernten.

Schweigen macht dick. Reden satt.

Das Schweigen bricht innen.

Der kräftige Eskimo Moneapik starb 1908 an einem Satz: wegen eines Robbenstreits verflucht ihn der Sippenzauberer mit dem Spruch: »Ich befehle dir, zu sterben!« Drei Tage danach stand sein Herz still. **Eisen brechen Knochen, Sätze Seelen.** [In den Vereinigten Staaten verhängt man die Todesstrafe als ›death sentence‹, ›Todessatz‹.]

Sprache ist, wovon man sich etwas sagen lässt.

Schlüsselsätze lösen Sperren.

Reden heisst versprechen.

Man schweigt auch anders in anderen Ländern.

Kein Satz steht über ~~allen~~ allem.

Wer verallgemeinert, versteinert.

Keine Verallgemeinerung gilt allgemein.
Ausser dieser?

›Obdachlose‹? ›Dachlose‹ wäre ehrlicher.

Wer lügt, muss mehr denken.

Will ein Sieger seinen Sieg überleben, muss er
Antworten finden für die Besiegten. Dasein
bleibt Flechtwerk.

Die Besiegten erinnern sich. Die Besiegten er-
innern dich …

Vernetzt bis zur Selbstentfesselung.

Ihr vermischt euch, also bin ich.

Sich nicht einlassen zu müssen auf etwas,

›über den Dingen‹ schweben zu können – dies zeichnet aus den Tageshelden von heute, den Alltagsverlierer von morgen.

Wem vieles entgeht, der entgeht nicht vielem.

Wer sich nicht einlässt, wird angreifbar. Was du missachtest, kann dich ausspähen.

Mit Leuten, die flüchten vor sich selbst, ist nichts anzufangen.

Könntest du an einem anderen stets etwas verbessern – musst du dich ändern. [Oder flüchten.]

Ein Leben gehört dir erst spät.

Das Angsthasengrundgesetz

Größer als die Wirklichkeit ist bloss die Angst davor.

»Irgendwann …« wird Irgendwahn.

Was manche Rücksicht nennen, ist ihre Ausrede für ihr Nichteingreifen.

Wer über den Dingen steht, muss stolpern über sie, sobald er loslegt.

Man kann sich auch ohne Mut das Leben schwer machen.

Ein Mutloser ward nie vermögend.

Was du unterlässt, wirst du nicht los.

Ich muss aufhören, nicht zu leben. Aufhören mit dem Weghören. Starten mit Steigeisen.

Neinlose sind knechtbar.

Wer sich zurückhält, wird unwesentlich.

Übermütig sind die Selbstlosen.

Wer Klötze einlässt, wird zertrampelt.

Menschen sind Trampelpfade. Denn Unmenschen sind Trampeltiere.

Wie man unter jedes Rad kommt? Man hält sich an jedes Rädchen.

Bückgängigmachung? Kleinichkeit.

Das Schwerste: dich zeigen.

Gier macht mutig; Lebensgier, Neugier. Und
Grimm. Der Mut ist kein Menschensammler.

Wann geht man vor die Hunde? Wenn man sie
anjault: »wie stellt ihr euch mein Leben vor?«

Wer sich richtet nach Meinungen anderer,
kriecht bucklig durchs eigene Haus.

In Berlin surren 2010 fünfmal mehr Un-
glücksspielgeräte als 2005, amtlich zugelassen.
Seither zahlen Steuerpflichtige auch für ein
Amt für Spielsuchtvorsorge …

Die Massenkrankheit der Massengesellschaft:
Menschenscheu.

Im dritten Stock wohnen die Unentschlossen-
en. Eingebung meist Eilgebung?

Manch' Kettenhund trägt die Kette im eig'nen
Maul; die Vorhölle heisst Selbstlähmung.

Am längsten lesen sich die Versäumnisberichte.

Wer zu Hause Angst bekommt, hat kein Heim.

Zähne zusammenbeissen? Frag' deinen Zahn-
meister: davon vereitern die Wurzeln und die
Zähne fallen aus. Bäume ausreissen? Frag' dei-
nen Waldmeister, wo der Wald blieb. Dich zu-
sammenreissen? Frag den Henker …

Man sollte grundsätzlich nicht nach einem
Grundsatz leben.
Man sollte sich angewöhnen, sich Gewohn-
heiten abzugewöhnen.
Man sollte nie ›man sollte‹ sagen.

Was will man erwarten von Vielzellern? Mut
zum Wankeln.

Jeder braucht ein Versteck, in dem er sicher ist
vor sich selbst.

Das Leben
eine Vergessensveranstaltung.

Wer nichts hat, hat keinen Grund zu lügen.

Das Gefühl des Ausgeschlossenseins rührt zu-
erst her von der Weltallgeschichte, und dann
vom falschen Gespür fürs Schloss.

Die Mittelmäßigen bevorzugten mittelmäßige
Götter.

Langweilig wird's Langweilern.

Schätze: wie viele Dollar$ kriegen Rauschgift-
süchtige für einen Mord in Juárez? ⇨ S. 88

Die Leute sind schlauer als der Mensch. Der
Mensch ist beleerbar.

Im Geld steckt der Übermut einiger und die
Furcht des Rests.

Wegen deiner Ungeheuer kannst du dich an nie-
manden wenden als an diese Ungeheuer selbst.

Man muss aufgeben; fragt sich immer nur,
~~was~~ wer aufzugeben ist.

Was dich erlöst, ängstigt dich.

Ei wär' der Dachs ein Fux!

Vor allem gibt es eine Wirkich?keit. Manch Wicht will wichtig werden.

Mit dem Abrechnen kaum früh genug anfangen kann man bei Wichtigtuern.

Was liebt der Angeber, wenn man's ihm voreilig macht? Platz.

Heute prahlt man mit Gelassenheit.

Unaufgeregtes erregt.

Gerüchtweise ist das gesamte Dasein eine Übertreibung.

Ein Hirn ist ein Hochstapler.

Jeder Schädel sucht sich seine Schwierigkeiten;
ein Hirn braucht sauren Stoff.

Was dich verstrickt, kitzelt dein Mark. Soghaft.

Befreit von allen Vorsätzen – suchst du neue
Vorsätze.

Ihr Vorteil gilt den meisten mehr als ihr Vor-
urteil; das beruhigt.

Das Hirn eine Wäscheleine. An der Erinnertes
ausdörrt?

Wenn dein Hirn so wichtig ist – dann stell'
dein Leben auf den Kopf?

Der Mensch ein Tierversuch.

Menschen gehören zur Unterordnung der Trockennasenaffen. [Haplorrhini antecedens.]

Niemand kann die Zuschauer dauerhaft 'reinlegen. Bei dir selbst ist's freilich anders …

Die meisten Leute sind kaum haustiertauglich.

Wurdest du lange verwöhnt? Dann wirst du fallen über den, der dich abweist.

Willst du einen Unvernünftigen stürzen – unterstütze ihn!

Was fehlt den anderen Tieren? Dieser Bergsteigersinn?

Wer zahlt, zählt … Wer gezählt wird, zahlt.

Wer genug gestohlen hat, schützt sich vor Dieben.

Hilfe, viele Millionäre sind arbeitslos!

Früher bekämpfte man schlechte Gewissen – heute bekämpfe man schlechtes Wissen! [Statt Geld zu machen mit gutem Wissen, machte er mit schlechtem Gewissen Schulden.]

Schlimmer als Schuld sind Schulden. Kein Geld war besser angelegt als jenes, das ich nie ausgab, um mir Schulden aufzuhalsen.

Manche Krankheit beugt anderen Krank-
heiten vor – manchem erspart seine Atemnot
den Lungenkrebs?

Man stirbt an kleinICHkeiten.

Wo viel ist, ist viel Trübes.

Nicht überlisten kannst du deinen Körper;
enttäuschen kannst du ihn leicht.

Sei kein Frosch unter Störchen!

»Tanzende Eierdiebe – mehr sehe ich nicht
um mich? Doch, stolpernde Eierdiebe.« Ty Ra.

Bald muss sie um Jahre jünger werden, sie hat
ein Verstellungsgespräch.

Sei kein Fisch, du Wal!

:: das Dasein ist keine Hauskatz' ::

Ein Tiger ist mir am liebsten: ein Vielseitiger.

Man ~~wird~~ ~~kann~~ sich ins eigene Leben hineinsteigern.

Wer absichtlich nicht trottet, wo die andern
trotten, lässt sich doch von ihnen leiten. [Ein
Steinzeitmensch wär' lieber über geteerte
Straßen geglitten als durch den Urwald ge-
strauchelt.]

Weißt du, was erwartet wird von dir? So weißt
du erst recht nicht, was du tun sollst.

Wer rollt, den lässt man rollen; wer anhält,
wird angreifbar. Das Wagnis ist, zu bleiben.

Jeder übertreibt sich

Lärmbereitschaft schlägt Lernbereitschaft.

Herr Lärm ist ein Nachbar von Frau Ohnmacht.

Auffallen ist wirksamer als Verstandenwerden.

Am weitesten geflogen wurde in der Flugzeugabstellhalle, am heftigsten gesegelt in der Hafenkneipe …

Meinen Lebenslauf muss ich für jede Bewerbung neu fälschen.

Jede übertreibt sich. [Bescheidene übeltreiben sich in die Bescheidenheit.]

Die Schwäche des Gegners kennenzulernen –
Zweck aller Menschenforschung.

Das Leben stört ihn sehr? Das Sterben
stört ihn mehr.

Die eigene Sauerstoffsucht heilt keiner gern.

Der Mensch neigt zum Rundumschlag – denn
der Weltflut ausweichen kann er nicht.

Wer drängt, fällt auf; wer drängelt, aus.

Leben in Rudeln: das wird Rang-Folgen geben,
feste Gesetze, und Feste hinter Büschen.

Was alle teilen, will man für sich haben.

Mancher will den Ton angeben, weil er ihn sonst nicht trifft.

Mancher will Hahn sein im Stall, bloss weil er kein Ei legen kann.

Selbst die größten Zwerge bleiben – Zwerge.

Weltgier macht den Alltag schwer.

Die Rückseite der Gier: Ungeduld. Man wird Opfer von Geizketten. [Casinoweisheit.]

Das Selbstverständliche verstellt das Leben.

Will man etwas sehr, macht man Fehler mehr.

Was ist ein Mensch? Jemand, der einen Aberglauben verkörpert.

» Wirkt das Treiben der Wildwasserstrudel und Falken zügellos? Nein, jeder hält sich an sich selbst. Bezähmbar bist du nur durch deine Einsichten. Wahllos um sich zu schlagen, lohnt selten – in Notwehr lohnt sich unter Umständen nichts anderes. Ungezügeltes Wachstum? Schafft Magenschmerz. Also gezügeltes Wachstum? Hauptsache, dir wogt's weich auf See.« Yak Holloway, Oahu.

Ein erfülltes Leben – welche Zumutung für die Zuschauer!

Grade die überflüssigen Arbeiten liegen den Leuten am Herz.

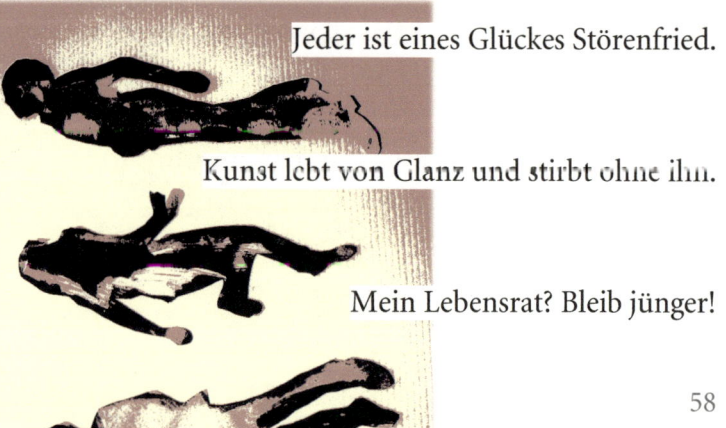

Jeder ist eines Glückes Störenfried.

Kunst lebt von Glanz und stirbt ohne ihn.

Mein Lebensrat? Bleib jünger!

Einzelunterricht.
Vom Kichern der Mädchen

»Hättest du einen Satz an die Menschheit, was
würdest du ihr flöten?«
»Nicht zum Frieren sind wir hier.«

Von wem? Mit wem? Für wen? Der Dreisatz
des Lebens.

Wer nichts vermisst, hat nichts verstanden.

Dein Herz hat ein Segel. Wozu?

Haucht Frau Nerzobel: »Bei der Gelegenheit
das Schwierige: sie zu erkennen.« Wie ge-
lingt's? Sechs Schritte hochsegeln, sieben Um-
stände beachten, zehn Jahre vorherhellsehen?

Wir sind alle undabhängig.

Was Wirkung hat, schafft Wirrklichkeit.

Du fährst auf Straßenbahnen, die andre vor dir ins Land frästen, betrittst Häuser, die andre vor dir hochzogen, erledigst Aufträge, die andre dir vorgeben. Vorgegriffen wird dir: in dich wird eingegriffen. Was sagt dein V. dazu?

Leute leben von Leuten.

Zeige mir einen einzigen unabhängigen Menschen, den Ärmsten!

Der Eigenständige – hängt in der Luft.

Das Geeignete ist, was in die Lücke passt.

+++++++++++++++++++++++++++++

»Dass einer mitzieht – Himmelsanker! Wo ein Mensch mitspielt, wird's göttlich!« Vai Lai.

Ohne Kinder stirbst du zweimal.

Ein Kuss ist nur ein Kuss? Kein Kuss ist mehr als bloß kein Kuss.

Die Liebe passt nicht auf eine Zunge.

Ein gelingender Augenblick muss ausdauernd herbeigeknetet werden.

Der Mensch wird möglich.

Jede Nähe wird bezahlt werden. Nah kommen sich auch zwei Boxer …

Welche Augenblicke werden wertvoll? Die un-

 vorhersehbaren …

Die Liebe überstimmt alles.

Manche Liebe entschuldigt alles, wenn sie bloß dauern kann – das ist zu viel. Manche Liebe entschuldigt alles, weil sie dadurch dauern wird – das, Clara, ist gerechtfertigt.

Die Liebe zerwühlt Lebensläufe; und das Lieblose kann's nicht zurückwühlen.

Am weitesten steigt man eng umschlungen.

Die übelsten Liebhaber sind die selbstverliebten.

Liebe trägt dich um die Welt, nicht zurück
trägt dich der Hass.

Herz braucht Honig, Hirn sauren Stoff.

Das einzig Endlose scheint der Wärmebedarf
des Städters.

Die Hölle im Alltag? Unerwiderte Liebe.

Keiner kann bloss für sich leben.

Weniger nachdenken: mehr nahdenken.

Werden zwei Menschen sich einig, sind sie
bald zu dritt.

Gefühl kommt von der Seite.

~~Die Leute kommen~~ Die Leute reiten dir entgegen, wenn du auf sie zugehst.

Unwiderstehlich einem anderen gegenüber wirkt gemeinsame Neugier.

»Man schätzt andre für das, was sie von sich aus beitragen.« Säugetiermaßstab.

Der Mensch ein gewaltiger Eierdieb.

Wer liebt, trägt keine Verantwortung; wer liebt, hat die Antwort. Die Wirsicht der Dinge.

Irgendwo schlendert die Frau, die dich um-armt für das, wofür eine andre dich ohrfeigte.

Weshalb braucht ein Mensch Menschen, um ein Mensch zu sein?

8 von 10 Leuten sind Leute das Wichtigste.

Genießen kann man nur mit Genossen.

Jeder lebt in einer Reihe.

Die Masse ist das Mass der Menschheit.

Macht Kinder, dann habt ihr auch Arbeit!

Überall: der Kampf um Liebe, somit Selbstliebe.

»An meinem Schlüsselbund prangen diese
Schlüssel für die Brandschutztüren ›Erfolg‹,
›Frauen‹, ›Gold‹: Ausdauer, Leicht-Sinn, Neu-
gier.« Holvok Komtschara, Sejmulu. [WK 6]

Wer liebt, muss fühlen lassen.

Das Samtgefühl zu kriegen: darum dreht sich's
– wenigstens beim Einschlafen und Aufstehen.

Der Witz ist die ›Hilti‹ unter den Liebes-
hebeln: und genauso selten.

Ein Sein ohne Spass ist ein Witz.

Viele lieben einander, weil sie sich nicht kennen.

Wer mit der Liebe pfuscht, kämpft gegen
Nächte. Übermächte. [Siehe vorletzte Seite.]

» Wer seiner Liebe nicht folgt, taumelt verloren?
Warum nicht deiner Bauchwahrheit folgen,
deinen Herzwerten, deiner Notwendigkeit?«
»Aber die Liebe wendet Not, bringt Wert:
schafft unwahrscheinlichste Ereignisse.«

Je grösser die Liebe, umso später merkt man's.

»Die Aufklärung des Mannes ist notwendig,
und unmöglich.« Mongo Parnass, Monkin.

Männer leben rückwärts.

Man liebt, um geliebt zu werden; man liebt, um gelebt zu haben.

 Was jeder braucht? Witz im Liebesschmerz.

Dass man seine Liebe zeigen muss … dass die Liebe Folgen fordert … dass Liebe nicht ausreicht … das muss bitter lernen der Liebende.

Alle gelingenden Verbindungen sind zu lang.
[Netzwerkerweisheit.]

Stolz pflanzt Leiden.

Der Halbschlaf: Oberfeind des Liebeskranken.

Die Welt ist meine Wunde.

Glück ist eine Kugel; das Unglück verzweigt.

Eins prangt über allem: die Schönheit – pfeif auf'n Rest! Am besten aus'm Stegreif.

»Beim Geld geht's nie ums Wirtschaften! Nicht mal ums Landgut kreist's – immer ums Erbgut. Geld ist Körpersache: einzig zählt Fortpflanzung, nicht wahr, Kate: das Überleben der Sommersprossen?« Hang Nun, Qätsburg.

Schönheit – ist das blanke Erbgut.

Geld ist eine Nebenwirkung. Mit Nebelwirkung.

Das Schöne hat Gegenwart, das Hässliche seine Geschichte.

Schönheit ist beweisbar.

Schönheit ist anmaßend, unverschämt, be-
leidigend – also das Übliche.

Das Hässliche schielt ehrlich.

Dem schlecht Angezogenen kann keiner helfen.

Schwärmst du zur Liebe, trage deine besten
Absichten und Anzüge, doch erwarte nie, du
könntest sie anbehalten.

Kniff der Neuzeit: unerträglich schöne Frauen
erträglich schöne Dinge tun zu lassen.

Menschen gibt's, da fragst du dich: wo steckt
der Haken?

'S gibt die gezüchtete Schönheit, und sie wirkt –
schön. Schönes ist stets gezüchtet. Mehr oder • • •

Die Waffenhändlerin der Schönheit ist die
Schminkeverkäuferin.

Eine Hand wäscht, die andere hält dicht.

Er mochte lieber ihre geschminkten Wahr-
heiten. Zur Scheidung kam sie ungeschminkt.

Je schärfer man hinschaut, umso weniger
schminke dich.

Muss man bestehen? Vor keinem? Vor sich?
Vor den Ewigen? Vor der Umwelt? Vor Ge-

richten? Vor Geliebten? Nie vor einem Staat.
Nie vor einem Gedanken. Nie vor ·················

Mädchensinn dreht wählerisch. [Und alles
dreht sich mit …]

Das Haus quirlt im Mädchen.

Nachbarschaft färbt ab.

Heimat ist Pfannkuchen.

Wann wächst eine Gemeinschaft heran? Wenn
man zusammen übers Selbe lacht – aus den
selben Gründen …

Du willst dich kennenlernen? Lade Leute ein!

Besuch kommt, man spricht lauter.

Ein ›Ich‹ ist ein Stausee. ⚡ Jede Anrede drischt einen Keil in einen Staudamm.

Was kannst du erwarten vom Menschen? Dass er dich überrascht.

Verhalten Menschen sich seltsam, wo du auftauchst, hat das weniger mit dir zu tun und mehr mit ihnen.

Wer andre zu Gefühlen zwingt – unverzeihlich.

Leute mögen wir, die uns zuhören – und grollen ihnen, wenn sie unser Inneres kennen.

Was man mit Menschen durchmachen kann, wirkt übermenschlich. Zukunftswucher, Gegenwartsvermeidungsgeschäfte, Liebeswahn, Hafenrundfahrten, Seelenschusswechsel, Grillgeburtstage, Nachtverfolgungen, Kinderkriegverheerungen, Feuerspucker, Strömungsabriss . . .

<^> Die Leute sind eben verschieden. Erklärung für fast alles. <^> Jeder hat einen Haken – für jeden einen anderen. <^>

Halbherziges kränkt Herzen.

Unter Neid und Eifersucht leiden Geschlagene; ich kenne keinen Ausweg, und kein Ausweg ist die Lüge und das Schweigen.

Das ungelebte Leben schmerzt mehr als das gelebte guttun kann. ÷ Ein ziemlicher Brocken Eindringlichkeit für etwas, das nie war.

Erbarmungslos ist jeder, wenn's ums Vergnügen geht. Ans Vergnügen …

»Weil er fehlerfrei, liebe ich ihn? Nein: weil ich ihn liebe, stören seine Fehler keineswegs.« Hagga Paluga, Gepäckträgerin; Zizislan.

Jede ahnt was, was nicht jeder ahnt

Niemand kann alles und jeder kann auch anders.

Die beste Frau ist eine Mischung? Der beste Mann eine Einheit? Der beste Mensch ....

Mehr besticht seine Fehlerlosigkeit als seine Stärke. [Paarwahlerfahrung.]

Jeder Bart zupft sich anders – und jeder zupft sich anders den Bart. ± Jeder ist anders; das gilt für alle. Jeder ist anders; drum weiss auch jeder Bescheid über alle.

Der Stamm fällt nicht weit von den Äpfeln.

Hör nicht auf die Neuen – gehöre zu ihnen!

Jeder jodelt anders – das verbindet. Jeder jodelt anderes – alle grölen gleich.

Andre sollen sich – du kannst dich entscheiden.

Bisher lebten rund 75 Milliarden Menschen auf der Erde? Kein Mensch ist menscher als du. Schnoddriger Umgang mit Vielfalt taugt auch bei Millionen Bildern, Liedern, Bühnenstücken, Lichtspielen, Sätzen. Sei finderisch: richte dich nach dir! Du bist ein Erdteil.

Wir Allanfänger. Oben ist Platz.

Die Menschheit entgeht ihrem Anfang nicht.

»Wozu bin ich auf der Erde? Ich lasse mich begeistern von euren Antworten.« Hug Vyn.

Meisterhaft lernt man von Lernenden.

Was hat sie, was die Leute überzeugt? Zugehört.

Was macht ihn wertvoll? Er lässt sich ermutigen.

Singend stottert man schlechter.

Merke: das Seltsame in dir passt seltsamer-
weise zu vielem!

Das Eigenartige
sprießt selten artig.

Der entscheidende Sinn: der Eigensinn.

Was kann man lernen von Armen? Den
Bettlermut zum Beispiel.

Du bist anders; ich auch. Menschliches weicht
ab. Das erste Hurenkind erschreckte noch.

Jede Schafsherde braucht ihre Ziege.

Schreit alles durcheinander – kannst du be-
ruhigt dich kümmern um dich selbst.

Mancher Elfenbeinturm ist heute eine Sehens-
würdigkeit.

Wer viele Weine trinkt, wird wählerisch.

Jeder lernt schnell [was für ihn gut wäre]; die
Menschheit lernt langsam [was vielen guttut].

Seltsam: der Geschmack der wenigsten ist
massenverträglich. Warum soll's deiner sein?
Jeder ist in der Minderheit – jeder Kopf wird
da gefeiert und dort anecken.

Siegen kann bloß einer – Mehrheiten ge-
winnen.

Von dir steckt etwas in jedem deiner Gegner.
Kannst du darum ihn besiegen?

Ich besiegte ihn, weil ich seinen Sieg für mög-
lich hielt. Ich besiegte ihn, weil ich meinen
Sieg für möglich hielt.

Übel machen kannst du alles – du brauchst bloss die fehlerlose Ausrede dazu.

Von meinem Glück abhängen will ich nicht auch noch.

Wo lernt man Entscheidendes? Auf dem Schulweg.

Womit einer unzufrieden ist – dahinter steckt sein Kern.

Bildung ist nicht durchzuhalten.

Der Anspruchsvolle übersieht Schönes.

Der Forschende kommt nie hinterher mit dem Leben.

Lust lehrt den Meister; Mühe lehrt er.

Welche Gier kann Menschen retten? Entspannte Neugier.

Mehr als genießen kann man nicht.

»Was hast du heute gelernt?« müsste heissen: »Was hast du Richtiges gelernt? Und hast du das Richtige dazuverlernt?«

Denke an die Entsorgungskosten für dein Wissen!

Niemand braucht kleine Hilfe.

Wach wird, wer sich angesprochen fühlt. Wie im Erdkundeunterricht …

Wer dich anhimmelt, den erniedrigst du. Wen du anhimmelst, der kann dich schwerlich abstechen.

Was dich bewundert, bezwingst du schwerlich. Willst du sie besiegen? Lass sie deine Bewunderung spüren! [FC Barcelona – Rubin Kassan 1 : 2]

Ein Lehrer muss lachen können und zaubern.

Viele Ältern erst machen einen Kinderkopf zu einem Kindskopf.

Einige sind unverwirrt, keiner ist unverwirrbar.

Wir sehen klarer, wie der Held springt, wenn
sein Mitläufer danebensteht; ein Mensch ver-
deutlicht den anderen.

Wer die Welt kennt, kann Kinder erziehen.
Wer seine Kinder kennt, kann sich selbst er-
ziehen. Wer sich kennt, kann von der Welt
erzogen werden.

Bereite nicht Nachkommen vor auf die Welt –
bereite eine Welt für deine Nachkommen.

Wichtig im Leben? Wem man Milch gibt. Be-
kommt jemand dein Bestes?

Grossmacht Säugling. Sein Verlangen bleibt
Fels.

Wie, ich träume zu viel? Das gehört zu mei-
nem Lebenswerk.

Aussicht kommt vor dem Sieg.

Du kannst nicht alles falsch machen. Selbst wenn du's wolltest.

Wozu verlangst du in einem unvollkommenen Umfeld Vollkommenes von dir?

Keiner wird geliebt von allen. Reicht dir, ein Erdteil zu sein?

Schüttet man ein gutes Weizenbier in einen großen Rotwein? Alle Farben in ein Bild? Dann gibt's kein Bild.

Überlade nicht dein Goldkanu, sonst sinkt dein Schatz!

Du kannst deinen Schatz nicht behalten, indem du ihn begräbst.

Krankenbesuch in der Wirklichkeit

Stundengewäsch: Nachrichten.

Wie kann man wieder neugierig werden auf Nachrichten? Lange weghören.

Weniger ermüdet die Arbeit, mehr das falsche Belasten.

Wertvoller als Leute mit Ver-Antwortung sind Menschen mit Antworten.

In Deutschland werden nachts zehntausende Pflegebedürftige gefesselt ans Bett. [Damit sie nicht herausplumpsen.]

»Was kann ich jetzt noch verbessern, nach all'
den Jahrzehnten des Übens?« Mlle Ausgébildt.
»Werden Sie jünger«, riet man ihr, »Sie
müssen noch viel lernen!«

Seine klügste Leibesentscheidung war, nie an-
zufangen mit dem Haarausfall.

Findet jemand etwas an dir nicht in Ordnung
– was kümmert seine Begrenztheit dich?

Vorsicht, bringt jemand dir deine Aufgabe bei!

Das Entfernen vom Eigenen schmerzt.

»Im Ruhestand darfst du alles nachholen« –
man kann ein Leben nicht aufholen.

Abgewöhnen muss man sich seine Ältern; und
seine Ausreden. [Und, was man in Klammern

Du kannst dich nicht aufsparen.

Im August hagelt's Parkplätze. [Ist's hier schön, will jeder fort.]

Einen Zahn verloren? Ein Stück Endlichkeit verwirklicht.

Kälte und Krieg schmiegen Menschen näher aneinander. Deshalb meiden viele Nähe lieber?

Ohne Geld bist du seelisch nackt. Geld = Watte. Wer Großgeld fälschen will, gründe eine Währung.

Schmerz bekehrt Wände.

Dient das unheimliche Leiden der vielen einem heimlichen Zweck? Ich suche meinen

Hauptsatz.

Alles versagt vor der Folter; wir dürfen nicht versagen vor ihr.

Leute schmecken nach Tod.

DEin Leben pflügt dich hintenvorn.

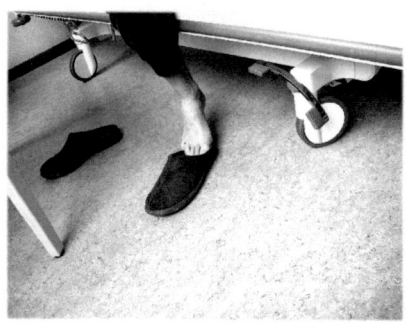

Tagwerk ist manchmal, den Tag auszuhalten. Tagwerk ist manchmal, die Nacht ausgehalten zu haben.

Alles begann mit keiner Gehaltserhöhung.

Man muss auch ausheilen lassen, wo etwas gut getan.

Für einen einzigen erfüllten Tag brauchst du vierzig Tage zum Aufräumen.

Vorbereitet sein muss man hauptsächlich aufs Beste.

Schwer füllt man geschenkte Stunden.

Viele sind zu Hause nicht bei sich.

Ein Haus, in dem man nicht ungehört schreien kann, ist zum Brüllen.

Glücklich, wer einen Platz hat, wo er ungestört fluchen kann.

In der Welt bist du immer; auf die Erde kommst du spät.

Vom Fernsehen bekam sie Wunschstarrkrampf.

»Wahrer als jeder Augenblick ist sein Zusammenhang.«

»Dazu gab's doch mal einen Vor-Satz?! Das Gesamte hieß damals, meine ich: ›In ihren Fluss stell' ihre Taten! Wahrer als jeder Augenblick ist sein Zusammenhang.‹«

»Ja, doch dat versteht kein Eber.«

»Und wie ging das weiter?«

»Der Versuch lautete so: ›Geigt einer seine Meinung vor, höre ich eher drauf, wie weit ihm diese Meinung hält, und was danach auftaucht! Ein Tropfen Tat gilt mehr als jede Silbenflut. Und wichtiger als eine Aussage ist, wie lang sie gilt und wovon sie abgelöst wird. Nie wörtlich nimm die Leute, eher entwicklungsgeschichtlich: wohin drehen sie sich? In ihren Fluss stell' ihre Taten! Wahrer als jeder Augenblick ist sein Zusammenhang.‹«

»So wiederum versteht's jede Wildsau.«

»Ich weiss noch zu viel, um klar zu sehen.« Bei
der Faultierweltmeisterschaft aufgeschnappt.

Der Wissende wird zum Spieler. Solang er sein
Wissen verkraftet.

Wissen schafft Gegner.

Jeder Fremde kann viel von sich lernen.

Wozu wohnst du dort?
Der Arme: »Nur um nicht zu sterben?«
Der Kranke: »Um nur nicht zu sterben.«
Der Reiche: »Um nicht nur zu sterben!«

Wenige Bauarbeiter bauen am eigenen Haus.

Wer sich vor 40 Tagen mit seiner Unterschrift
für 33 Jahre verschuldete, und heute feststellt,
dies Haus war ein Fehlkauf und die Geldbera-

ter wucherische Betrüger, die ihm auch seine Lebensversicherung abschwatzten – der kann nicht schlicht duschen und ein neues Leben beginnen. **Leider wirkt die Geschichte nach.**

Die Untröstlichen haben einen Sinn fürs Ganze. ‡‡‡ Schwarzarbeiter sind einfühlsamer.

Flucht macht gläubig.

Krieg enterbt und **wird vererbt.**

Schmerzt meine Geschichte, werd' ich zukunftskrank?

Wo ein Schreck ist, war ein Riss in deinem Weltbild.

Ein Bild taugt, wenn's dein Weltbild aufschreckt. Ein Bild taugt, wenn's ein Weltbild ist und dein Weltbild aufschreckt. Ein Bild taugt, wenn's dich am Hintern packt und dir ins Herz fällt und dein Weltbild aufschreckt.

Mehr als das Geld zählt der Zins – und solang das so ist, muss jeder Überlebenswillige ein Wucherer sein.

Das Wichtigste: gesund zu werden ... Das Wichtigere: sich die richtige Krankheit ausgesucht zu haben.

Viele, die Zucker verschlingen, sind verbittert.

Man schicke die Gesunden in die Krankenhäuser zum Nachforschen, weshalb sie sich so wider die Welt verhalten.

Der Körper fängt an bei den Zähnen. Biberwahr.

Niemand isst vollkommen.

Seit man ihr zeigte, wo Lymphknoten stecken,
fühlt sie dort Beschwerden deutlicher. Wer
mehr weiss, kann mehr Schmerzen spüren.

Was manche Leute krankmacht, ist das Wissen,
dass sie krank behutsamer behandelt werden.

Das gesündeste Leben – saubere Nahrung,
reichlich Ruhe, Aufmerksamkeit – gewährt
man Kranken …

Die Wirkkraft des Willens im Alltag wird
überschätzt. Ein übermächtiger Wille ist gold-
selten und sprengt jeden Alltag. Gewohnheit
herrscht, Neigung zu Gier, Genuss, Tagtraum.

Weshalb manche auf Kinder verzichten?
Kinder lassen jeden Erwachsenen alt aussehen.

Manchen sind Mietmenschen lieber als Mit-
menschen. Er trinkt auch bloss Leistungs-
wasser.

Die grössten Säugetierabteilungen: die Beutel-
und die Raubtiere.

Erheblich verschlechterten sich die Lebens-
bedingungen der Sklaven in Brasilien nach der
Abschaffung der Sklaverei am 13. Mai 1888.

Wer die Qual hat, hat keine Wahl.

Armsein ist ein Handwerk, mit lebensläng-
licher Ausbildung …

Einem, der nichts hat, kann man nicht
drohen. Eher …

Die einen tun wichtig, die andern schwatzen sich ihr Elend schön. Doch Armut erspart dir keine Schuld, keine Verstrickung, keine Gewissensbisse.

Das Peinliche hält dich wach. ✕ Wo dir nichts mehr peinlich, hast du abgeschlossen.

Es ist das Herz, das auf die Nerven geht.

Manchen erschlägt sein Herz.

Menschen sind sich näher im Tod als im Leben. Im Leben verästeln sich ihre Neigungen.

Menschen sterben mit Anstand – furchtbar!

Putz' Zähne und Seele mit Seide!

Unerfindliche Preisverfehlung

Man bekommt nie, was man verdient: was man vergaß, auszuhandeln – das bekommt man.

Hart und schöpferisch verhandeln … Was zählt? Das Zähl-Bare.

Man darf sich aus dem Lebenskuchen nur die Goldbarren verbuchen.

Wer alles hat, kann noch mehr wollen.

Jedem freundlich begegnen – das verwässert die Menschlichkeit.

Jeder Handel ein Händel, jeder Tausch eine Täuschung.

Der Geburtstag ist der Tag des Zeugens.

Aufschlussreicher als der Geburtsort: der Zeugungsort, und die Zeugungsweise.

Wann hat man Recht? Wenn man sich's nimmt, das Nasenreinsteckrecht.

Ein Kernkraftwerk wieder abzubauen kostet doppelt mehr als sein Neubau …

Ein Haus verkauft sich im Sommer teurer.

Nie muss dir ein Geschäft peinlich sein. Schliesslich handelst du in Notwehr.

Ein wertvolles Angebot wird eine Zumutung sein. Wertvoll für den Anbieter; eine Zumutung für den, der's kaufen soll.

Dein Leben ausrichten nach den Schwächen der anderen – alle Reichen treiben es so.

Küste kostet. Kraft, wo sie eng ist; Geld, wo sie schön liegt; Weitblick°, wo sie steilsteigt?

Wut lügt nie, irrt selten.

Bei schlechter Laune wähle ich zielsicherer.

Früh aufstehen wird der Wütende.)^(Zorn spart Zeit.

Um sich von einem Kaufmann beraten lassen zu können, muss man selbst ein Kaufmann sein. Ein listigerer.

Stil haben ist leicht: jeder hat einen. Groß ist: verkauft zu haben. Reiche ersparen sich viel.

Menschenvorhersagen sind unbezahlbar.

»Woran misst man den Wert eines Menschen?
Selbstvertändlich am Geld, das er einem Rei-
chen erspart. Hier sitzt der Meerwert der
Armenheere: unschätzbar ist ihre Geduld für
die würdige Welt-Anwesenheit der wenigen
offenbaren Menschen, der Zinsreichen. Die
Armen sind unbezahlbar fürs Wohl der Rei-
chen – und unbezahlt werden sie bleiben.« Jifi.

Jedes Geld ist ein Überfall. Über-Fall.

Gleiches Einkommen für alle – dann sehen
wir, wer die besseren Menschen sind.

Weltschmarotzer: die Zinsreichen. Aber
Schmarotzer sollen ja hinweisen auf Schwä-
chen: und die Armen haben eine Schwäche für
ihre Schmarotzer, für die Reichen.

**Über Zinsreichtum gehört öffentlich abge-
stimmt.** Wann, du Erdgeschoss, hörtest du das
übelste denkbare Gestammel? Müsst' ein
Zinsreicher sein Einkommen verteidigen vor
den vergammelten Ohren eines Armenviertels.

Man will vorgehen – man weiss noch nicht,
gegen wen … Welch' Aufwand, den eigenen
Ausquetschern gegenübertreten zu können.

Vorbild werden für Massen kann nur ein Neu-
reicher.

»Früher hieltest du Geld für eine schlechte
Sache – jetzt wunderst du dich, dass du keins
hast?« Klitera Dao, Mykæna.

Geld spürt man nicht; Kleingeld spürt man.

Zeit + Raum = Geld^2

Was Geld isst, wird Währung.

Alles ist Meinung, was nicht Wirkung hat.

Laden die Felsenfesten zum Ball, musst du rechnen mit Erdrutschen.

Hilfe – jetzt sinkt auch noch die Zahl der Verkehrstoten!

Witz ist seltener als Mausmilch; jeder hat bloss seinen eigenen. Im Spassgeschäft ackert sich's bollenschwer.

Man merkt schnell, was einer nicht is t …

Beim guten Leben kann man wenig falsch machen, beim guten Essen viel.

GESCHMACK IST VORARBEIT.

Alles Gutgemeinte ist schlecht gemacht.
[Lesensverfahrung.]

Hässlichsein schützt nicht vor Dummheit.

Man darf so viel verpassen: welch' ein Glück!

Nur manches Lob beleidigt.

Nehmen sie dich wichtig, wirst du ihr Geld
kriegen. Nimmst du sie wichtig, …

Reiche preisen dir hartes Buckeln als Weg zum
Geld – ja: dein Buckel für ihr Glück.

Gesprochen an jeder Kreuzung, verstanden an
jeder Eck', gepredigt an jedem Schalter, ver-
ehrt an jedem Trog: lern sprechen die Welt-
sprache Geld! Was zählen die anderen? Ihr
Geld. »Dollar!« „Dollar!" »Dollar!«
Nein, die Weltsprache Geld wird geplappert
zwar überall, verstanden aber von wenigen.
Füße aufm Marmortisch: so preisen dir Geld-
sauger Schwitzplackereien als Weg zum Gold.
Hart rackern – Sklaven … und ernten davon
rissige Haut und Staublungen, nie aber
Schatztruhen. Geldschufte lassen Geld
schuften für sich, Geld vom Einsatz andrer.
$ 1. Für einen schäbigen Tagdollar schürfen
Edelsteingräber im Siedesumpf Sierra Leones,
und ahnen nicht: ihr Steinfund wird kreuzge-

schliffen in Antwerpen und in New York ver-
wuchert für $ 800.000. Hornhaut – Hohnhaut.

Was geben Räuber mehr als andere? Zu denken.

Ahne, dass du in Kauf nehmen musst; und
wisse, was du in Kauf nimmst!

Wer hoffen muss, den peinigt Gegenwart.
Hoffnung offenbart Trostlosigkeit.

Der Preis des Glaubens ist die Verschleppung
der Erlösung.

Verlegte Schlüssel steigen im Wert.

Scherben ums Haus, ein löchriger Handschuh
im Vorgarten – Wirrwarr schützt vor Ein-
brechern.

Die Produktionsfehler von heute sind die Innovationen von morgen.

Die Geschichte lehrt: einen Sieg kann man essen. Am Geld klebt Acker.

Wie will man das Billige im eigenen Leben wieder loswerden? Wertloses kommt teuer.

Ein Satz am Tag genügt: Umsatz. Du überzeugst, wo du du selbst bleiben kannst.

Nie mehr arbeiten müssen ... nicht mehr früh aufstehen müssen ... keiner ärgert dich ... keine Geldsorgen – reich sein ähnelt tot sein.

Wär's wertvoll – nie überließen die Reichen den andern so kampflos das Frühaufstehen.

Leicht versäumt man, wovon man viel hat.

Wer sein Ziel erreicht, kann einen Weg über-
blicken.

Das Beste ist das Gut.

Beim Sein geht's doch ums Haben.

Am Schluss gilt: wie man dem Dasein weiter-
half. Am Schluss zählt, wen du zu deiner Sippe
zählst. [92 Seiten zurück ↩]

Werd' eigen, und die andern fragen nach dir!

»Du verabscheust Regen und halbleere Gläser?
Dann stell' dein halbleeres Glas ins Gewitter!«

Wer sich gehen lässt, macht Fortschritte[1]

[1] Sprengsätze für Zukunftslustige

ISBN 978-3-8391-69667

Aus den Hängematten[3]

[3] Sprengsätze für Weisheitsfresser

ISBN 978-3-8391-63313

Wollt ihr eure eigenen Spreng-Sätze bauen
und ein Buch draus machen?
Wir helfen euch beim Ausfeilen und allem
drumherum. Schreibt an:

sprengsatzmeister@staerkere-texte.de

www.stärkere-texte.de